JN138775

弓削田健介作品集

しあわせになあれ

～いのちと夢のコンサート～

教育芸術社

本書の特徴

1. 学校行事と相性のよい曲や、「いのち」や「夢」をテーマにした曲を選曲
2. 全曲の参考音源を収録した CD を付録
3. 楽曲の背景がわかるエピソードを収録

本書と連動した、特設ページを web 上に開設しております。お役立てください。

1. 練習用音源（パート別音源・カラピアノ）を聴くことができます。
2. 収録曲（一部）のダンスの振り付け解説動画を見ることができます。
3. ミュージカル「いのちのおはなし」の台本や不登校に向き合うヒント集など、楽曲に関するコンテンツを見ることができます。

特設ページ　http://yugemusic.com/kyogei_tokusetsu

ご挨拶

こんにちは！この作品集を手にとっていただき、ありがとうございます！
こうして音楽を通じて、みなさんとお会いできることを、心から幸せに思います。

この作品集には、「いのち」と「夢」のメッセージを込めた楽曲が収録されています。どのメッセージも、旅をしながら出会った素敵な人生の先輩たちから教えていただいたものです。ある時は路上で出会った酔っ払いのおじさん。ある時はホスピスで出会ったお坊さん。またある時は日本人学校に通う子どもたち。そんな「出会い」から生まれ、思い出のたくさん詰まった歌をみなさんに歌っていただけること、歌を通じてメッセージを共有できること、本当に嬉しいです！

幼い頃から学校の先生になることが夢だった私にとって、学校という大好きな空間で大好きな先生たちや子どもたちに歌っていただける楽譜を、多大なるご協力のもと一緒に作ってくださった教育芸術社のみなさまにも感謝の気持ちでいっぱいです。

みなさまのお役に立てる作曲家になれるように、これからも精進してまいります。
本当にありがとうございます。今後とも、よろしくお願いします。

弓削田《ゆげた》 健介《けんすけ》

目 次

contents

あたらしい朝に 〈斉唱・同声二部〉

弓削田健介 作詞・作曲

指導にあたって

一日のスタートにぴったりの歌です。歌い出しから明るくさわやかな声で、青く澄んだ空を見上げている気分で歌いましょう。ジャジー（ジャズ風）なリズムにのって楽しく歌えば、今日も素敵な一日になること間違いなしです。

（山本由美）

カーテンを開けよう
あたらしい光が
抱えきれない希望をのせて
今日をつれてきたよ

昨日《きのう》見た夢と（昨日の夢）
めぐる風を
背中に感じて

はじめよう
はじめよう
素敵《すてき》な一日

おひさま
おはよう
心も晴れ晴れ

はじめよう
はじめよう
真っ白なページに
何を描《えが》こう
あたらしい朝に

もう悲しまないで
笑顔隠さないで
涙色の雲の上には
高く澄んだ美空《みそら》

昨日の僕らを（昨日の僕）
一つだけ越えてゆく（越えてく）
一緒に

はじめよう
はじめよう
素敵な一日

みんなに
おはよう
今日もよろしくね

はじめよう
はじめよう
真っ白なページに
何を描こう
あたらしい朝に

© 2015 by KYOGEI Music Publishers.

メッセージ➡p.7

9
きれないーきぼう をのせてー きょう を つ れ て き た
いーろのーくもの うえにはー た か く す ん だ み そ
Dm7 Dm7/G Em7 A7 Dm7 C/E FM7 G G/F
きのうみーたゆめ と めぐるかーぜをせ
きのうのーぼくら を ひとつだーけこえ
13
よ きのう の ゆ め めぐる か ぜ
ら きのう の ぼ く ひとつ だ け
Em7 A7 Dm7 Fm
な か に かんじて ー
て ゆ く いーっしょに ー
17
を せなか に かんじて ー ララー ララ ー ララ はじめ
ー こえてく いーっしょに ー ララー ララ ー ララ はじめ
Em7 Am7 Dm7 C/E F Dm7/G
おひさ
みんな
21
よう はじめ よう すてきない ち にちー
よう はじめ よう すてきない ち にちー
C C♯dim7 Dm7

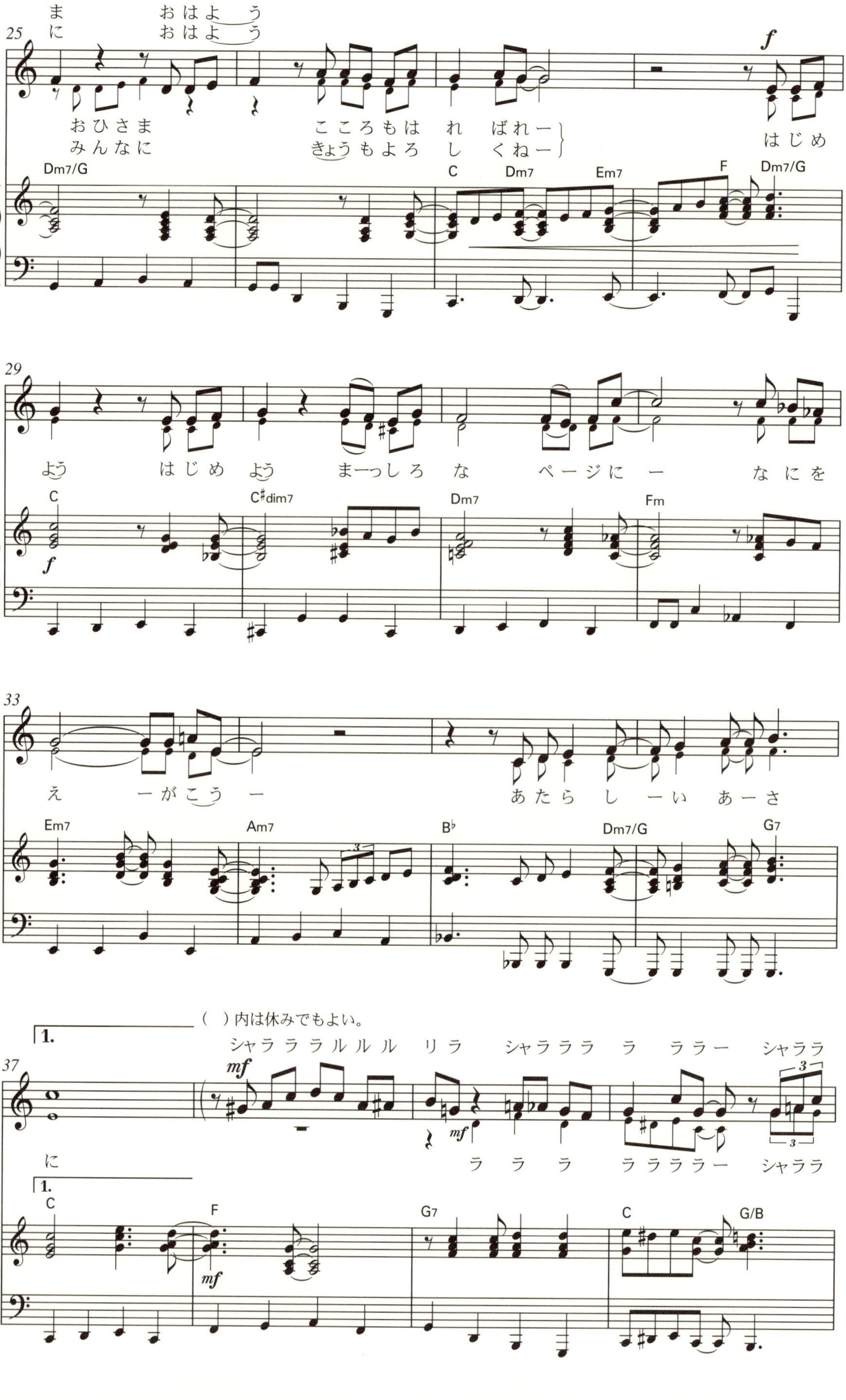
まに　おはよう
にに　おはよう
おひさま　こころもはれ　ばれー
みんなに　きょうもよろしくねー
はじめ
f
Dm7/G
C　Dm7　Em7
F　Dm7/G
ようはじめようまーっしろなページにーなにを
C　C♯dim7　Dm7　Fm
えーがこうー　あたらしーいあーさ
Em7　Am7　B♭　Dm7/G　G7
(　)内は休みでもよい。
1.
シャラララルルルリラ　シャラララ　ラ　ララー　シャララ
mf
に　ラ　ラ　ラ　ララララー　シャララ
C　F　G7　C　G/B

message

「今日という日は残りの人生の最初の一日」という言葉が好きです。限りない可能性に溢れた僕たちの未来は、今日一日の自分の在り方次第で、どんな風にでも切り開いて行けるはず。あたらしい光を浴びながら、希望いっぱいの風に吹かれながら、あたらしい一日をはじめよう！　（弓削田健介）

みんな みんな 輝いてる〈斉唱・同声二部〉

弓削田健介 作詞・作曲

指導にあたって

子どもたちにとって春は特別な季節。新しいクラスや友達、新入生との出会いに胸躍らせる時です。そんな気持ちをスローな曲調にのって語りかけるように歌いましょう。抑えきれないワクワク感が思わず溢れ出る中間部は、思い切り表現しましょう。（山本由美）

ぴかぴかの靴をはいて
見上げる青い空
桜色の風吹く町
あふれる君の笑顔

みんな　みんな　輝いてるよ
うまれたての歌のように
君と　君と　歩いて行《ゆ》こう
新しい季節に

夢と夢　過去と未来
世界中の友達
つながり合う　この地球に
生まれた理由がある

みんな　みんな　輝いてるよ
うまれたての夢を抱きしめて
君と　君と　探しに行こう
新しい明日《あした》を

ここから　はじまる
ここから　はじめよう

みんな　みんな　輝いてるよ
うまれたての歌のように
君と　君と　歩いて行こう
新しい季節に
新しい季節に

© 2015 by KYOGEI Music Publishers.

メッセージ➡p.11

9
mf
くらいろの か ぜふくまち あ ふれるきみのえが お みん
ながりあう こ のちきゅうに う まれたりゆうがあ る みん
B♭ C/B♭ Am7 B♭/D B♭ Bm7(♭5) Gm7/C
13
な みんな かが やいてるよ うま れ たてのうたの
な みんな かが やいてるよ うま れ たてのゆめを
F Am7 B♭ C F Dm7 Bm7(♭5)
mf
16
f
よーーうに きみ と きみと ある いてゆこう あた ら しいきせつ
だきしめて きみ と きみと さが しにゆこう あた ら しいあした
C7 F F/A B♭ Gm7 C7 Dm7 Cm7 B♭ C7
f
20
1.
2.
mf
に を ここから
1. F
2. F
B♭ F/A
mf

24
はじまる　ここからはじめよ
Gm7　F　B♭　F/A
28
う　oh　みんなみんなかがやいてるようま
E♭M7　C7　F　F/A　B♭　B♭/C　F
32
れたてのうたのように　きみときみとあるいてゆこう　あた
Dm7　G7/B　C7　F　F/A　B♭　Gm7　C7　Dm7　Cm7
36
らしいきせつに　あたらしいきせつに
B♭　C7　Dm7　Bm7(♭5)　B♭　B♭/C　F　F/A

レコーディングに協力してくれた
大分大学教育福祉科学部附属小学校コーラス部の子どもたち

message

新しいランドセルを背負って、新一年生が学校への道のりを歩いている姿を見ると、街の景色や自分の気持ちまで新しくなったような気がします。僕は、そんな春のはじまりが好きです。春の風が花を揺らすように、子どもたちの笑顔と歌声が、これからもたくさんの人の心を優しく包んでくれますように。

（弓削田健介）

本当だよ 〈斉唱・同声二部〉

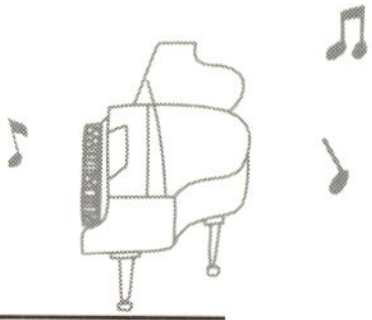

弓削田健介 作詞・作曲

♫ 指導にあたって

歌い出しはユニゾンでいちばん伝えたい気持ちを歌います。しっかり気持ちが届くように、全員で声の方向を揃えて歌いましょう。一人では照れくさくて言えないことも、みんなで歌えば言えちゃいます。それが合唱の素敵なところです。（山本由美）

© 2015 by KYOGEI Music Publishers.

縦書き歌詞➡p.14
エピソード➡p.15

※場合によっては、「おかあさん」や「おとうさん」を「あなたに」に変えて歌ってもよい。

いつもは言えないけれど
いま　思い切り伝えたい
今日まで育ててくれて
ありがとう

小さな心と頼りない足取り
守ってくれたのは
いつだってあなたでした

あふれる気持ち歌にして
あなたに伝えたい
てれくさいけど　本当だよ
ありがとう　※お母さん　ありがとう

笑顔も涙も
透明な翼で
つつんでくれたのは
いつだってあなたでした

心に消えないぬくもりを
あなたがくれたから
歩いて行《ゆ》ける　自分らしく
ありがとう　※お父さん　ありがとう

ありがとう　あなたに　ありがとう

※場合によっては、「お母さん」や「お父さん」を「あなたに」に変えて歌ってもよい。

♫ 本当だよ

エフ・フィールドの
授業の様子

100歳を超えて今なお、現役医師として活動されている日野原重明先生。

日野原先生が10歳の小学生たちに向けて行っている「いのちの授業」。その普及活動をしている三重県のNPO法人エフ・フィールドと出会いました。

日野原先生の「いのちの授業」と、エフ・フィールドの活動に感動して、日野原先生が書かれた絵本「いのちのおはなし」の続編という形で、ミュージカルを作ることになりました。

「本当だよ」という歌は、このミュージカルの中で、10歳になる主人公が両親に感謝の気持ちを伝える場面で歌われます。

2分の1成人式や卒業式など、子どもたちから両親や先生に感謝を伝える場面で、歌っていただけたら嬉しいです。

※ミュージカル「いのちのおはなし」の台本は、
特設ページにて読むことができます。

ミュージカルの基になった「いのちのおはなし」
日野原重明 文／村上康成 絵／講談社 刊

いのちのまつり 〈斉唱・同声二部〉

草場《くさば》一壽《かずひさ》 作詞／弓削田健介 作曲

♫ 指導にあたって

歌詞に込められた思いが美しい旋律にのってストレートに伝わるこの歌は、聴く人の心を揺さぶります。歌っているうちに祈りにも似た感覚を覚えるような魅力のある曲です。語りかける部分と歌い上げる部分を意識して歌うことで、より印象的な演奏になるでしょう。

（山本由美）

すべての命が輝きますように
すべての命がいやさかえますように

僕が知っているひとつだけの奇跡
それは君が今ここに生きていること

幾億万《いくおくまん》の時をめぐりめぐってきた
命とともに今君は生きている

ひとつの奇跡は次の奇跡を呼びさまし
この地球は命の光に満ち溢《あふ》れてゆく

すべての命が輝きますように
すべての命がいやさかえますように

僕が知っているひとつだけの奇跡
それは君が今ここに生かされていること

はじまりも終わりもない大きな命の
光とともに今君は生かされている

すべての命が輝きますように
すべての命がいやさかえますように

あなたの命が輝きますように
あなたの命がいやさかえますように
いやさかえますように

© 2015 by KYOGEI Music Publishers.

エピソード➡p.25

が　かが　やきー　ま す ようにー　す べ てのー　い
F♯m7 Em7 A Dadd9 A/C♯ B7 Bm7/E A E/G♯
の ちがー　いやー さかー えまーす　よ うにー
F♯m7 E A D D/E A F G
mp
ぼ く が しーって いる　ー　ひ と つだー けのー き　せ き　それ
C Dm7 Em7 F G C C7
mp
は　きみが　い　ま　こ こにー　いき て いるー ことー
F G Em7 Am7 Dm7 Dm7/G

21
mf
いくおくまんの ときをー めぐりめーぐーって きたー いの
C/E Fadd9 Am7 G F G/F Em7 A
mf
25
ひ
ちとーともに い ま きみはー いき て いるー
F G/F Em7 Am7 Dm7 G
29
と つのー き せ きはー つぎのきせきーを
ひとつのー きせきはー
Fadd9 C/E Dm7 Dm7/G
32
よびさー ましー こ の ち きゅ う は
よびさー ましー このちきゅー うはー い の ちのー ひ
C Fadd9 C/E

すべて
かりにー みちー あふーれ て ゆく
A♭M7
G
Bm7
E7(9)
の いのち が
すべての いのちが か が やきー ま す ようにー ー す
A E/G♯ F♯m7 Em7 A Dadd9 A/C♯ B7/D♯ Bm7/E
べ てのー い の ちがー いやー さかー えまーす
A E/G♯ F♯m7 Em7 G/A D D/E
よ うにー ぼくがしーっている ー
Aadd9 Dm7 Gsus4 C Dm7 Em7

49
ひ と つだー けのー き せき それ は きみが い ま こ こにー いか
F G C C7 F G Em7 Am7
53
mf
さ れてー いるー こ と はじまりもおわ り も ないー
Dm7 Dm7/G C/E Fadd9 Am7 G
mf
57
お お きなー い の ち の ひか りと ー ともに い
F G/F Em7 A F G/F
すべて
60
f
3
ま き みはー いか さ れてー いるー
Em7 Am7 Dm7 G Bm7

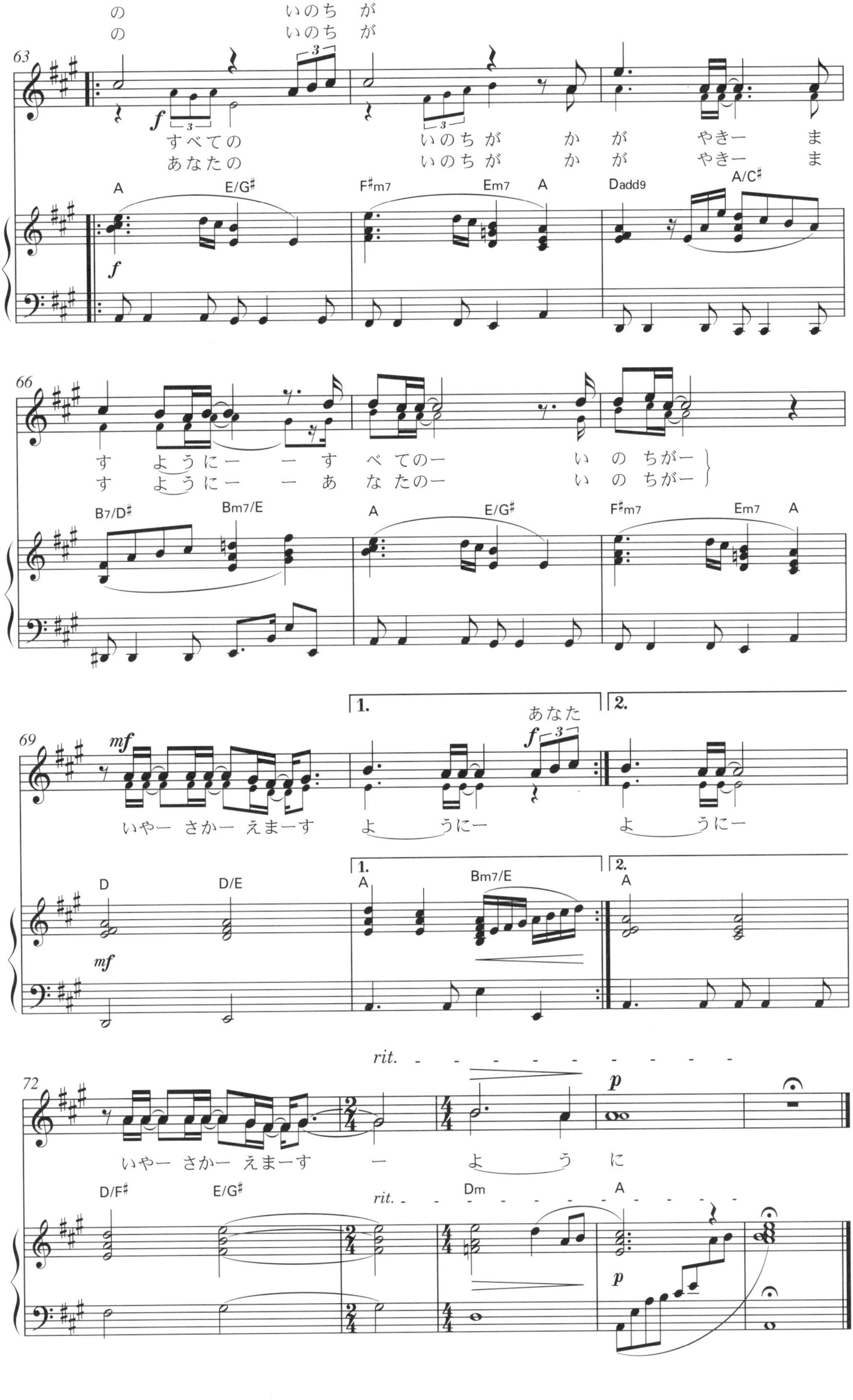
の いのち が
の いのち が
すべての いのちが か が やきー ま
あなたの いのちが か が やきー ま
A E/G♯ F♯m7 Em7 A Dadd9 A/C♯
す ようにー ー す べ てのー い の ちがー
す ようにー ー あ な たのー い の ちがー
B7/D♯ Bm7/E A E/G♯ F♯m7 Em7 A
1. 2.
あなた
いやー さかー えまーす よ うにー よ うにー
D D/E A Bm7/E A
rit.
いやー さかー えまーす ー よ う に
D/F♯ E/G♯ Dm A
rit.

満天の星が歌うように 〈斉唱・同声二部〉

弓削田健介 作詞・作曲

指導にあたって

大切な命のお話が、思わず口ずさみたくなるようなわかりやすい歌詞と軽快なリズムによる歌に変身しました。決して重くならず、リズムにのって声高らかに歌いましょう。途中に出てくるシンコペーションのリズムを上手に歌うと、さらに躍動感が増して生き生きと感じられます。（山本由美）

おとうさんおかあさん
おじいちゃんおばあちゃん
ひいじいちゃんにひいばあちゃん
そのまた上にひいひいひい
ひいひいひいひいひいじいちゃん…

ご先祖さまを数えてみよう
どんな時代も生き抜いて
つながってきた命は

100万人よりたくさんの
ご先祖さまの物語
満天の星が歌うように
いつも僕たちを守ってくれている

おとうさんおかあさん
おじいちゃんおばあちゃん
ひいじいちゃんにひいばあちゃん
そのまた上にひいひいひい
ひいひいひいひいひいじいちゃん…

生まれてこれてよかった
みんなに会えてよかった
いのちの奇跡に「ありがとう」

© 2015 by KYOGEI Music Publishers.

エピソード➡p.25

10
ひい ひいひいひい ひいひい ひいひい ひいじいちゃん ごせんぞ さ まをー
Dm7 C/E Fadd9 G7 C C7 F Fm
15
かぞえてみ よ う どんなじだ いも いきぬいて
Em7 A7 Dm7 Cadd9/E
19
つながってきたい の ちは ひゃくまん にん より た
f
F F♯m7(♭5) G7sus4 G Bm7 E7 Aadd9
23
ー く さ ん の ご せ ん ぞ さ ま の ものがた
Em7 Em7/A D6 Dm C♯m7 F♯

28
り まんてん の ほしが う ー た う よう に
Bm7 C♯m7 D E7 Aadd9 Em7 Em7/A D6
mf
f
33
い つ も ぼ く ーたちを ー まも ーーって く ーれ てーい る
Dm C♯m7 F♯7 Bm7 C♯m7 D B7/D♯ D/E E7
38
ー お
mf
D.S.
A Dm7 G
D.S.
Coda
mp
うまれてこれてよ か ーったー
Coda
F C/E
mp
3
42
みんなにあえてよ か ーったー いのちのきせきに ありが と う
mf
Dm7 C F G7 A♭M7 B♭ C
mf

♫ いのちのまつり・満天の星が歌うように

東京書籍、光村図書、日本標準各社の道徳の副読本に掲載されている絵本「いのちのまつり」の作者である草《くさ》場《ば》一《かず》壽《ひさ》さんとの出会いは、大学を卒業したばかりの春でした。

僕のホスピスでの音楽活動を応援してくださっていた地元のテレビ局の方が、「今度道徳の副読本に載ることになった絵本の作者が、次の作品にテーマソングを書ける人を探しているらしい。チャレンジしてみるか？」と言って、紹介してくださったのです。

※ホスピスとは▶p.41

初めて伺った草場さんの工房で、緊張しながら自己紹介をした後、工房に置いてあるピアノを弾きながら、この作品集に収録されている「やさしい歌」を歌いました。学生時代から演奏に行っているホスピスで自分なりに感じた「いのち」のことを歌う、その静かな曲をじっと聴いてくださった後、「よし、やろうか！」と言ってくださり、草場さんとのお仕事が始まりました。

絵本「いのちのまつり」シリーズは、子どもたちだけでなく、教育関係の仕事をされている大人たちにもたいへん人気があります。草場さんは全国から殺到している講演依頼に、講演と絵本の朗読と音楽の３つをセットにした「いのちのまつり講演隊」という形で応え、僕をその音楽担当として、日本各地に連れ出してくださいました。この「いのちのまつり講演隊」を通して出会った全国の教育関係者のみなさんとのつながりが、現在の日本中旅をしながらの音楽活動の原点となっています。

「いのちのまつり ヌチヌグスージ」
草場一壽 作／平安座資尚 絵
サンマーク出版 刊

「幼い子どもたちに命の大切さを言葉にして説明するのは難しい。しかし、絵や音楽などのアートの力を借りれば、心に直接メッセージを響かせることができる。目には見えないものや言葉にできない大切なものを表現し、伝えることが、アーティストの役割なのだから、ゆげちゃんは音楽で、それにチャレンジしていきなさい。」そんな風に教えてくださった草場さん。音楽活動の礎となった言葉であり、永遠の課題でもあります。

「満天の星が歌うように」は、絵本の朗読の途中で使える挿入歌です。どちらの曲も絵本が伝えたいこととつながっていますので、みなさんの「いのち」の授業で使っていただけたら嬉しいです。

「いのちのまつり講演隊」の様子

歌詞に出てくる「いやさかえますように」とは、
「ずっとずっと 栄えていきますように。」
という意味の古い日本の言葉です。
うたってくれてありがとう。
絵本作家の草場さん

しあわせになあれ 〈斉唱・同声二部〉

弓削田健介 作詞・作曲

指導にあたって

親が子どもに名前をつける時に願うことはただ一つ。「幸せになりますように…。」名前に込められた願いを優しいメロディーで子どもたちに教えてくれる歌です。「しあわせになあれ」のフレーズを繰り返し歌うことで子どもたちは愛されていることを実感するはずです。繰り返されるたびに思いが強くなるような強弱の工夫をすると、より感動的な演奏になるでしょう。 （山本由美）

目を閉じて繰り返す
あなたがくれた名前

懐かしい声がする
愛してくれた人たち

光あふれた朝に
願いを込めて
あなたが授けてくれた
愛の唄が聴こえる

しあわせになあれ
しあわせになあれ
しあわせになあれ
僕の名前から消えないメロディー

心通った友の
笑顔が浮かぶ
名前を呼ばれるたびに
僕は僕に出会った

しあわせになあれ
しあわせになあれ
しあわせになあれ
優しい祈りに守られながら

しあわせになあれ
しあわせになあれ
しあわせになあれ
僕の名前から消えない祈り

© 2015 by KYOGEI Music Publishers.

エピソード➡p.30

9
なつかしい こえがする あいしてくれたひ とたちー
E E/G♯ A C♯m7 C♯m7/B A F♯m7 E/G♯ A A/B E
13
mf
ひかりあふれた あさにー ねがいをーこめ て あ
こころかよーった ともの一 えがおがーうか ぶ な
D♯m7(♭5) G♯7 C♯m7 C♯m7/B A A/B E Bm7 Bm7/E
mf
17
な たがー さず け てくー れたー あいのうたがき
ま えをー よば れ るたー びにー ぼくはぼくにで
A E/G♯ F♯m7(♭5) E DM7
20
mp
こ えるー ー しあわせに な あれー しあわせに
あ ったー ー しあわせに な あれー しあわせに
F♯m7/B E E/D♯ C♯m7 C♯m7/B
mp

24
mf
な あれー しあわせに な あれー ー ぼくのなま
な あれー しあわせに な あれー ー やさしいい
Aadd9 E/G♯ F♯m7 D A/B Cdim7 C♯m7 Caug C♯m7/B A♯m7(♭5)
mf
28
1.
えからー きえ な いメ ロディー
のりにー まも ら れな が
Aadd9 A/B
1.
E E/G♯ A C♯m7 C♯m7/B A
mp
32
2.
ら
2.
F♯m7 E/G♯ A A/B E CM7 D/C
36
Bm7 B7 Em7 E7/G♯ Am7 E7/G♯

しあわせに な あれー
しあわせに
mf
しあわせに なあれ ー
Gm7
Gm7/C
Fadd9
C/E
Dm7
Dm7/C
な あれー
f
しあわせに なあれ
しあわせに な あれー
B♭add9
F/A
Gm7
Gm7/C
C♯dim7
Dm7
Faug/C♯
ー
ぼくのなま えからー
きえ な いい の
Dm7/C
Bm7(♭5)
B♭add9
Gm7/C
rit.
り
F
F/A
B♭
Dm7
Dm7/C
B♭
Gm7
F/A
B♭
B♭/C
F
mp

♫ しあわせになあれ

旅の途中、時間がある時は路上に出かけて歌うことにしています。夜の世界でギターを片手に歌っていると、いろんな人との出会いがあります。その偶然の出会いが、大きな気づきを与えてくれることがあります。

歌っている時に話しかけてくるのは、酔っ払いのおじさんたちです。しかも、ワケありの場合が多いです。「さっき会社辞めてきちゃった。」とか「さっき奥さんに逃げられた。」とか…。座っている僕のことを見下ろしながら「お前を見ていたら、俺の人生のほうがまだましな気がしてきたよ。」と言って元気になったりします。そしてリクエスト大会が始まります。一緒に歌いながら30分位経つと、やっと名前を聞いてくれます。

おじさん　「お前、名前なんていうんや？ どっから来たんだ？」

弓削田　「弓削田健介と申します〜。九州から参りました。」

おじさん　「ゆげた？ なんだそりゃ、残念ながら売れなさそうな名前だな！」

弓削田　「ガビーン。でも、そうですよね〜。漢字も読みにくいし。」

おじさん　「でもね、健介っていう名前は大事にしろよ。父ちゃんと母ちゃんの祈りが込められているからな。」

おじさんが、突然まじめな話を始めたと思ったら、おもむろに手帳を取り出し、詩の朗読を始めました。

「名前は祈り」

名前はその人のためだけに
用意された美しい祈り
若き日の父母《ちちはは》が
子に込めた願い
幼きころ　毎日、毎日
数え切れないほどの
美しい祈りを授かった
祈りは身体《からだ》の一部に変わり
その人となった
だから　心を込めて呼びかけたい
美しい祈りを

毛里 武

僕は一瞬でこの詩が大好きになり、さっきまでの酔っ払いのおじさんが天使のように見えてきました。感動している僕を横目に、おじさんは道端に寝転がっていましたが…。

それから僕は、スクールコンサートへ行くたびに、路上で教えてもらった「名前は祈り」の詩を紹介させていただきました。いつか自分も、「名前」をテーマにした歌を作りたいと思いながら…。

ある日、不思議なことが起こりました。ピアノに向かって作曲をしていると、静かなメロディーが浮かび、無意識に「目を閉じて〜繰り返す〜あなたがくれた名前〜」と言葉が続きました。

その歌詞の通りに、目を閉じて両親がくれた名前を呼んでみました。「けんすけ〜、けんすけ〜」って。最初は自分の声ですが、何度も呼んでいるうちに、いろんな人の声で聴こえてきました。ひょうきん者のお父さんの声、厳しくて優しいお母さんの声、小学校の頃の友達が「けんちゃーん」と呼ぶ声。これまで出会ってきた、たくさんの人たちの顔が浮かびました。「いろんな人が呼んでくれた名前なんだなぁ。」と思いながらその声を聴いていると、涙が溢れてきました。

この「しあわせになあれ」という曲は、その時に感じた気持ちを綴った、とてもシンプルな曲です。自分の名前の由来を調べる授業や、小学校の２分の１成人式、中学校の立志式など、子どもたちの節目の機会に、歌っていただけたら嬉しいです。

♫ 手をつなごう ～共に生きる～

「手をつなごうコンサート」本番の様子

美容室のシャンプー台の横で。薬局のダイエットの薬に囲まれて。ベビー用品売り場でおむつをバックに。焼肉屋の煙の中で。仏壇店の片隅で。ちょっと変わった演奏場所ですが、どんなところにも必ず学びがあり、そこで出会った感動が合唱曲になったり、子どもたちへのお土産話になったりするので、呼んでくださればどんな場所でも演奏させていただいています。

ある日、パーティーでのBGM演奏が終わった後に話しかけてくださったのは、障がい者とその家族のサポートをしている「手をつなぐ育成会」の方でした。僕の旅と合唱の活動に興味を持ってくださり、半年後に行われる「手をつなごうコンサート」への出演と、テーマソングの作曲を依頼してくださいました。

※特設ページにて、この曲の振り付けを公開しています。

それから半年間、手をつなぐ育成会の会報誌をさかのぼって読んだり、特別支援学校に勤めている母の話を聞きに学校へ行ったり、また、特別支援学校を卒業した後に地域の「福祉事業所」と呼ばれる場所で働いている方たちと一緒に歌を練習したりしながら、この歌が完成しました。

コンサートの当日は、地元の子どもたちと手をつなぐ育成会のメンバーで創った「なないろ合唱隊」(歌詞の中から名前をつけてくれました)と一緒に、この「手をつなごう」を合唱しました。歌いながら、手をつなぐ育成会のみなさんとの交流の中で学んだことを思い出していました。そして、「あのパーティーでの小さな出会いが、今日まで僕を連れてきてくれたんだなぁ。ありがたいなぁ。」と、しみじみ感じました。

これからも、一日一日の演奏活動と、そこから始まる小さな出会いを大切にしていきたいです。

この本を読んでくださるみなさんとも、いつかどこかでお会いできますように。

手をつなごう～共に生きる～〈斉唱・同声二部〉

弓削田健介 作詞・作曲

指導にあたって

命をさらに輝かせるもの。それは大切な仲間たち。仲間がいるから心がはずむ。仲間がいるから乗り越えていける。
この曲を歌っていると自然にそんな思いが込み上げてきます。学級のテーマソングとして、人権集会の歌として、子どもたちにたくさん歌ってほしい素敵な曲です。　（野田浩司）

君が生まれた時
空も海も風も光も
みんなで歌を歌った
祝福の歌を

素敵《すてき》な世界へようこそ
七色の夢を見ようよ
泣きたいことも時にはあるけど
大丈夫　みんな　そばにいる

手をつなごう
ぬくもりを分け合おう
ほら　心もぽっかぽか
共に生きる喜びを
みんなで歌おう
笑顔を笑顔で　守れますように

一人にならないで
いつもそばに仲間がいるよ
一緒に歩いて行《ゆ》こう
花咲く小道を

笑顔が素敵なあなたと
七色の夢をつなごう
一人ひとりの音色《ねいろ》があるから
認め合って重ねよう　ハーモニー

手をつなごう
ぬくもりを分け合おう
ほら　心もぽっかぽか
共に生きる喜びを
みんなで歌おう
笑顔を笑顔で　守れますように

ラララ…

© 2015 by KYOGEI Music Publishers.

エピソード➡p.31

8
も ひ かり もー　み んな でー　う た　を う たーったー　しゅ
ま が いる よー　い ーっしょ にー　あ る　い て ゆこ うー　は
G　G/A　Bm7　Bm7/A　G　G/A　D
11
く　ふ く の うた を ー　す て き な　せかいへー
な　さ く こ みち を ー　え が お が　すてきなー
G　G/A　D　G
14
よ う こ そ ー　な な　い　ろ の ゆ め を み　よ うよー　な き た
あ な た と ー　な な　い　ろ の ゆ め を つ　な ごうー　ひ と り
D/F♯　Em7　G/A　D
＊2回目
みとめ　あって　かさねよう
17
い　こ とも　ときには あるけどー　だいじょうぶ　み ん な　そ
ひ　とりの　ねいろが あるからー　＊(みとめ あって かさねよう)　ハ
G　F♯　F♯/A♯　Bm7　GM7　G♯m7(♭5)

20
ばにいるー
ーモニーー
f
てをつなごう ぬくもりを わけあお
G/A A D A/C♯
23
う ほら こころも ぽっかぽかー ともにいき
Bm7 Bm7/A G D/F♯ Em E7/G♯ G/A
26
る よろこびを みんなで うたおうー えがおをー えがお
D A/C♯ Bm7 Bm7/A G D/F♯
29
で まもれますように
1. 2.
Em7 G/A D G/D A/D A G A B♭ C7

33
ラ ラ ラ ララララー ラ ラ ラ
ラララ ラ ラ ラ
F
B♭
C
36
ララララー ラ ラ ラ ララララー
ラ ラ ーラララ ラ ラ ラ ラ ラ
F
Dm7
B♭
39
ラ ラ ララ ー
D.S.
ー ラ
C
F
D.S.
F

アンパンマンのマーチ〈同声二部〉

やなせたかし 作詞／三木たかし 作曲／弓削田健介 編曲

指導にあたって

誰もが知っている大好きな曲、どんな子どもも自然と笑顔で歌う不思議な力のある歌です。素敵なピアノアレンジにのせて、歌い出しは自分に優しく語りかけるように。後半は作品の思いを受け止めて、一つ一つの言葉を大切にしながら歌声に表情をつけ、リズミカルかつエネルギッシュに歌うと、聴く人の心にきっと響く、宝物の曲になることでしょう。

（広瀬由美子）

そうだ　うれしいんだ
生きる　よろこび
たとえ　胸の傷がいたんでも

なんのために　生まれて
なにをして　生きるのか
こたえられないなんて
そんなのは　いやだ！
今を生きる　ことで
熱い　こころ　燃える
だから　君は　いくんだ
ほほえんで
そうだ　うれしいんだ
生きる　よろこび
たとえ　胸の傷がいたんでも
ああ　アンパンマン
やさしい　君は
いけ！　みんなの夢　まもるため

なにが君の　しあわせ
なにをして　よろこぶ
わからないまま　おわる
そんなのは　いやだ！
忘れないで　夢を
こぼさないで　涙
だから　君は　とぶんだ
どこまでも
そうだ　おそれないで
みんなのために
愛と　勇気だけが　ともだちさ
ああ　アンパンマン
やさしい　君は
いけ！　みんなの夢　まもるため

時は　はやく　すぎる
光る　星は　消える
だから　君は　いくんだ
ほほえんで
そうだ　うれしいんだ
生きる　よろこび
たとえ　どんな敵が　あいてでも
ああ　アンパンマン
やさしい　君は
いけ！　みんなの夢　まもるため

〈編曲に際し、一部の歌詞を省略しています。〉

© Copyright 1988 by Nippon Television Music Corporation（N.T.V.M.）

エピソード➡p.41

11
こたえられ な い なんて そ んなの は い やだ!
わからない ま ま おわる そ んなの は い やだ!
C/E F C/E Dm7 C G7 C
15 mf
いまを いきる こ と で あつい こころ も え る
わすれ ないで ゆ め を こぼさ ないで な み だ
D/F♯ G E/G♯ Am7
mf
div.
19 poco a poco cresc.
だから きみは い く ん だ ほ ほ え ん で
だから きみは と ぶ ん だ ど こ ま で も
G/B C C7 F6 D/F♯ Dm7/G
poco a poco cresc.
23 f
そ う だ うれしいん だ い きるよ ろ こ び
そ う だ おそれない で み んなの た め に
C F D7 G
f

1.
2.
たとえ むねのきずが いたんでも
あいと ゆうきだけが ともだち さ
C/E F D7/F♯ G C C
G F/G C/G G
G F/G C/G G
wa wa wa wa wa wa wa wa
mf
ときは はやく すぎる ひかる ほしは きえる
D/F♯ G E7/G♯ Am7

だから きみは いくんだー
poco a poco cresc.
44
uh きみは いくんだー ほほえんで
G/B
C
C7/E
F6
D/F♯
G7
poco a poco cresc.
48
f
そうだ うれしいんだ いきるよろこび
C
F
D/F♯
G7
Dm7/G
f
52
たとえ どんなてきが あいても
C/E
F
Bm7(♭5)
E7
Am
A♭
56
ああ アンパンマン やさしい きみは
C/G
F
D/F♯
G7

60
い け! みんなのゆ め ま もるた め
C F D/F♯ G C
64
ま もるた め ー
rit.
F6 G A♭M7 B♭ A♭M7 B♭ C
rit.

お寺でのコンサートの後で
こんなかわいいお坊さんと出会うことも

♫ アンパンマンのマーチ

あなたがくだらないと思っている今日は
昨日なくなった人が
なんとかして生きたかった
なんとしてでも生きたかった
今日なんです
今日はそんな日なんです
今日あなたとこうして出会えたことに
感謝します

20歳の頃に始めたホスピス（緩和ケア病棟）でのボランティア演奏。この言葉は、そこで出会ったお坊さんに教えていただいたものです。

そのお坊さんが、病院のすぐ近くにある佐賀大学文化教育学部附属小学校で「いのちの授業」と題した講演会をされたので、見学に行きました。冒頭の言葉は、講演会の最後に子どもたちに伝えていたものですが、講演会の中でこんなクイズも出されました。

「さて、これは、
なんの歌の歌詞でしょう！？」

なんのために 生まれて　なにをして 生きるのか
こたえられないなんて　そんなのは いやだ！

生きる意味を問いかけてくるような哲学的な雰囲気の漂うこの歌詞を読んで、最初は誰もわかりませんでした。しかし静寂を打ち破ったのは低学年の子どもたち。「アンパンマン！」と声を上げた瞬間、会場にどよめきが。誰もが想像していない答えでした。

「正解です。実はこの歌には、『いのち』と『夢』のメッセージが込められています。」

その後、みんなで歌詞の意味をしっかり味わいながら歌ってみると、感動で自然と涙が溢れてきました。子どもたちが大好きで、何気なく歌っている歌に、こんな素晴らしいメッセージが書かれているなんて…。

一つ一つの言葉がスッと入ってくるように、前半はゆったりと、2. 以降は子どもたちが大好きなスウィング調にアレンジしました。「時は はやく すぎる～」からは手拍子を入れながら、聴いてくれている人たちと一緒に歌ってみるのも楽しいと思います。

※ホスピスとは
死期の近い患者に対して，身体的苦痛や死への恐怖をやわらげるための医療的・精神的・社会的援助を行う施設。（「大辞林」より引用）

世界中のまだ見ぬ友へ 〈同声二部〉

弓削田健介 作詞・作曲

指導にあたって

前奏からワクワクドキドキしてしまう弓削田ワールド全開のこの歌が、子どもたちは大好きです。グローバルな視点で作られたこの作品は、未来を担う子どもたちにぜひ歌ってほしい一曲です。思いのままに体を揺らしたり、時にはみんなで動きを揃えたりして、かっこよく振り付けしてみても素敵です。

（山本由美）

僕の故郷《ふるさと》に朝が届くころ
君の街はどんな色に染まるの

世界を彩るまだ見ぬ仲間たち
どんな夢を追いかけているの

同《おんな》じ地球の上で　空を見上げて
がんばってる君の笑顔を　君の夢を
いつだって感じていたい
明日《あした》を創る　僕らが描《えが》いた希望が
未来の地図になる

世界中の子どもたちの
夢をつなげよう
星座のように明日を描こう

自分らしい歌い方で
願いを奏でよう
響き合う音楽が
世界を変えてゆく風になる

1000年後の人たちも
夢を歌えるように
僕たちがこの時代に生まれた理由を
僕たちが出会った理由を
探しに行《ゆ》こうよ

世界中の子どもたちの
夢を重ねよう
虹のように明日を飾ろう

自分らしい歌い方で
愛を奏でようよ
響き合う音楽が
世界を変えてゆく風になる

ラララ…

© 2015 by KYOGEI Music Publishers.

エピソード➡p.50

NO COPY

11
unis. mf
ぼくの ふるさとにー あさが とどくこ
D
DM7
D7
Gadd9
15
ろ きみのまー ちはーどんな いろにー そまーるの
F#7
Bm7
Em7
D/F#
GM7
G/A
19
せかい をいろどるー まだみ ぬなかまたち
D
DM7
D7
Gadd9
23
div.
ー どんなゆ ー めをーおいかけ ていー るのー ーー
F#7
Bm7
Em7
G/A
D

27
そらを み あげーて
おんなじーちきゅう のうえでー
C♯m7(♭5)
F♯7
Bm7
Bm7/A
31
がんばってる きみのえ が おを
き み の え が おを きみ のゆめを
G
G/A
D
35
いつだってかんじていた い ぼくらが
ー あした を つ く る
B♭
C/B♭
Am7
D7
39
poco a poco cresc.
えがいたー きぼうがー みらいのちずになるー ー
Gm7
Am7
B♭
Bm7(♭5)
Gm7/C
poco a poco cresc.
3
3

43
f
せかいじゅうのこ ど もたーち の ー ゆめを つ なげーよ う
C7 Gm7/C F C/E Dm7
f
47
ー せいざの よ うに あ し た を え が こう
Cm7 Cm7/F B♭ F/A Dm7 E♭M7
3
3
51
じぶんらしいう た いかーた で ー ねがい を かなーで よ
C7 Gm7/C F C/E Dm7
55
ー う ひびき あ うーおんが く がー せかいをかえてゆ
Cm7 F7 B♭add9 C/B♭ Am7 Dm7 E♭M7
3

59
く かぜになる ー ー uh uh
Gm/C F/A B♭ B♭/C
63
ルルル ー ー
Dm7 F/C B♭ Em7
67
mp
せんねんごの ひ とたーち も ー
3
ゆめを
Em7/A Bm7 G A7
3
mp
3
71
ぼくたち が で あ
mf poco a poco cresc.
うたえーるように ー
mf poco a poco cresc.
ぼ くたちがー
このじ
D B♭ C/B♭ Am7
3
3
mf poco a poco cresc.

75
ーっ た り ゆ う を
だい にーうまれ た りゆーう を ー さがし に ゆこーう よ ー
D
E♭M7
Gm7/C
C
80
mp
せかいじゅうのこ ど もたーち の ー ゆめを か さねーよ う
F
C/E
Dm7
84
にじ の ようにー
mf
ー にじの よ うに あ し た を か ざ ろう
Cm7
Cm7/F
B♭
Am7
Dm7
E♭M7
88
f
じぶんらしいうた いかーた で ー あいを か なでーよ う
C7
Gm7/C
F
C/E
Dm7

92
ー よ ひびき あ うーおんが く がー せかいをかえてゆ
Cm7 F7 B♭add9 C/B♭ Am7 Dm7 E♭M7
96
かぜになる ー ー
く かぜになる ー ラ ラ ラ ラ
Gm/C F/A B♭
100
ラ ラ ラ ラ ラ ラ ーラララ
B♭ E♭M7 Gm7/C
104
ララララ ー ララ ラ
ー ラ ラ ラ ラ
Gm7/C F/A B♭

108
ーラ　ラーラ　ラ　ー　ラ　ララ
ラ　ラ　ラ　ラ　ラ　ラ　ーラララ
B♭
E♭M7
Gm7/C
112
ー　ララララ　ー　ララ　ラ　ーラ　ラーラ
ー　ラ　ラ　ラ　ラ　ラ　ラ
Gm7/C
F/A
B♭
117
ラ　ー　ラ　ララ　ー
rit.
ラ　ラ　ラ　ラ　ーラララ　ー　ラ　ー
E♭M7
Gm7/C
rit.
F

♫ 世界中のまだ見ぬ友へ

イタリアでローマ日本人学校の松本校長先生と出会い、学校見学をさせていただきました。「永遠の都」と謳《うた》われ、歴史的建造物でいっぱいの街ローマにある学校に入ると…。驚きました。教室や廊下に貼ってある掲示物、見慣れた日本の教科書。一歩外に出たら何もかもが「ローマ」なのに、この空間だけ日本にワープしたみたい。

「最初は、ローマに来たくなかった。」「寂しくて日本に帰りたくなる時もある。」「でも、今はここが大好き。ここでできることを精一杯がんばる。」文化のまったく違う環境の中で故郷に思いを馳せながら、一生懸命勉強している子どもたちの言葉に心が震えました。

夜空に輝く星々のように、世界中それぞれの場所で輝く、まだ見ぬ子どもたちに思いを馳せました。みんなの夢がつながり合いながら未来を作っていく様子と、みんなの笑顔と歌声を思い浮かべながら、「世界中のまだ見ぬ友へ」を作曲しました。

半年後、再びヨーロッパを訪れた時、オランダにあるアムステルダム日本人学校でコンサートをさせていただきました。中島校長先生をはじめ、先生方や保護者のみなさんが温かく迎えてくださったうえに、子どもたちがサプライズで「世界中のまだ見ぬ友へ」を歌ってくれました。あの時聴いた元気いっぱいの歌声を僕は一生忘れません。

一人の女の子が「私、以前はローマ日本人学校にいたんです。歌いながら、ローマの友達のことを思い出しました。」と声をかけてくれました。嬉しかったです。「日本の子どもたちにも、世界中でがんばっているみんなの姿を伝えるからね！」と約束しました。

世界中の日本人学校を訪問し、音楽の力を借りながら、みんなが「つながっている」ということを実感できるきっかけを作りたい。もっと勉強して、世界中のみんなが元気になれるような歌を作りたい。日本人学校のみなさんとの出会いの中で新しい夢ができました。

イタリアにある
ローマ日本人学校の
松本校長先生と

オランダにある
アムステルダム日本人学校での
コンサートの様子

故郷から遠く離れて
現地でがんばっている子どもたちに感動

※日本人学校とは
海外に住んでいる日本人の子どものための教育施設。文部科学大臣から、日本国内の小・中学校と同等の教育課程を有する旨の認定を受けている。

♫ あなたにありがとう

「中学２年の時に不登校になったから、大学へ来るのに少し遠回りしました。でも、自分の夢を見つけるには、いちばんの近道でした。」大学時代の大親友で、２つ年上の同級生秋山くんが、そんな風に語ったのは、大学の大講義室で行われた「不登校の子を持つ親の会」主催の講演会でした。

不登校を乗り越え、夢を見つけてがんばっている秋山くんがそこにいるだけで、講演に耳を傾けている「親の会」のみなさんは元気をもらっているように見えました。

講演の最後に、「父とのエピソードを紹介します。」と言って、不登校時代に何度もぶつかっていたお父さんとの話をしてくれました。

いよいよ家出するくらい大げんかをした、秋山くんとお父さん。玄関から出ていこうとする秋山くんを追いかけてきたお父さんが一言。「出ていくなら、出ていけ。でも、その上着は脱いでいけ。それは俺が買ってやったもんだ。」上着を脱いで出ていこうとすると、今度は「その靴も、靴下も、ズボンもそうやろうが。置いていけ。」とお父さん。パンツ一丁メガネ一つになった秋山くんは、こう言ったそうです。

「あんたからもらったもん全部置いていく。殺してくれ。この命もあんたからもらったもんだ。」お父さんが近寄ってきました。また、殴られる。そう思って目を閉じると、お父さんは突然、秋山くんを抱きしめました。「父は震えていました。声をころして泣いていたんです。それまで父が泣くところなんて、一度も見たことがありませんでした。その父の腕の中で、ああ、この人のことを少しは信じてもいいのかなと初めて思いました。」

後に秋山くんのご両親とお会いする機会が何度もありました。とても優しいお二人でした。お母さんいわく、「お父さんはものすごく不器用で、口下手。」お父さんは「あの頃は、どうしたらいいのかわからなかった。」と教えてくださいました。

「あなたにありがとう」は、秋山くんの誕生日にプレゼント代わりに作った曲です。PTAや「不登校の子を持つ親の会」などで出会うお父さんやお母さんから「歌いたい。」とリクエストがあり、今回合唱譜として掲載させていただきました。卒業式や２分の１成人式など、親から子どもたちへのメッセージを伝える場面で歌っていただけたら幸いです。

あなたにありがとう

弓削田健介

あなたが生まれたことで
どれだけの人たちが
その笑顔に支えられたろう
もちろん僕もその一人

あなたにありがとう
そして誕生日おめでとう
小さな幸せ
いつも祈ってる

歌声が聴こえてくる
今日まで出会ってきた
ああ　たくさんの人たちもいま
遠くであなたを想ってる

あなたにありがとう
そして誕生日おめでとう
小さな幸せ
いつも祈ってる

あなたが生まれて来てくれて
よかった
あなたと一緒に歩いているよ
忘れないで　いつでも

あなたにありがとう
そして誕生日おめでとう
小さな幸せ
いつも祈ってる

※大学の卒業と同時に小学校の教員になった秋山くんは、自身の不登校の体験と、先生一人、生徒一人の佐賀県唐津市立向島《むくしま》小学校での体験をまとめた「最後の小学校」を出版しています。

「最後の小学校」
秋山忠嗣　著／講談社　刊

※特設ページには、秋山くんにインタビューを行った「不登校に向き合うヒント集」の動画を掲載していますので、お役立てください。

あなたにありがとう 〈同声二部〉

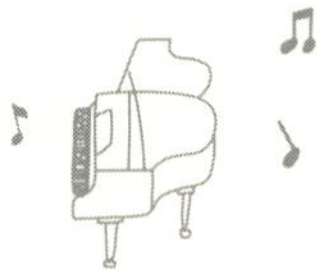

弓削田健介 作詞・作曲

© 2015 by KYOGEI Music Publishers.

縦書き歌詞➡p.56
エピソード➡p.51

15
そ し て たんじょうー び　お めでー と う　ち い　さなー　し
ー　そ　し　ー　て　お めでー と う　ち い　さなー　し
GM7　F♯m7　CM7　Em7/A　D　A/C♯
18
mf
あ　わせー　いつも い のーーって　る　るー
mf
あ　わせー　いつも い のーーって　る　る　あ
1.
2.
Bm7　Bm7/A　G♯m7(♭5)　G　Em7/A　D　A/C♯　D
mf
mp
22
mp
ル ル ル　ル　ル ル　ル　ル　ル ル ル
な　たがー　う ま　れてー　きて く れてー
G　Gm　D

25
ル ル ル ル ル ルル ー ル ル
よ かーーった あ な たとー い ーっ しょにー
Am7 Am7/D GM7 Gm
28
poco a poco cresc.
あ るいー て いるよ ー わ す れなー いでー いつ でも ー ー ー
poco a poco cresc.
あ るいー て いるよ ー わ す れなー いでー いつ でも ー ー いつ で
Em7 F♯m7 GM7 G♯m7(♭5) Em7/A
poco a poco cresc.
31
f
ー あ な たにー あ り がとうー
f
も あ な たにー あ り がとうー あ り がとう
Fm7/B♭ E♭ B♭/D Cm7 B♭
f

指導にあたって

「あなたにありがとう」というストレートなメッセージに、優しく愛情に溢れたメロディーが添えられています。歌い出す前の休符（𝄾や𝄿）では、思いをいっぱい込めて体全身に息を入れて歌うようにしましょう。また、歌い始めの言葉を丁寧に歌うことで、さらに温かい思いが伝わります。

（浦田千尋）

あなたにありがとう

弓削田健介 作詞

楽譜⬇52ページ

あなたが生まれたことで
どれだけの人たちが
その笑顔に支えられたろう
もちろん僕もその一人

あなたにありがとう
そして誕生日おめでとう
小さな幸せ
いつも祈ってる

歌声が聴こえてくる
今日まで出会ってきた
ああ　たくさんの人たちもいま
遠くであなたを想《おも》ってる

あなたにありがとう
そして誕生日おめでとう
小さな幸せ
いつも祈ってる

あなたが生まれて来てくれて
よかった
あなたと一緒に歩いているよ
忘れないで　いつでも

あなたにありがとう
そして誕生日おめでとう
小さな幸せ
いつも祈ってる

♫ 翼をください

ホスピスで演奏させていただいたある日。命の時間を大切に刻んでおられる患者さんに、こんな言葉をいただきました。

人生は夏休みみたいなものだった
夏休みみたいに
あっという間にすぎていった
夏休みみたいに
宿題みたいな大変なこともあったけど
夏休みみたいに
最後には友達と思い出がたくさんできた
最後はねぇ、お金も名誉もぜーんぶ関係なくなって、
友達と思い出が助けてくれる。
ゆげちゃん。友達と思い出、大事にな。

そして、リクエストをいただいた曲が「翼をください」でした。

今 富とか名誉ならば　いらないけど 翼がほしい
子どもの時夢見たこと　今も同じ夢に見ている

この大空に翼を広げ　飛んで行きたいよ
悲しみのない自由な空へ
翼はためかせ行きたい

途中まで歌って、この２番の歌詞が目に飛び込んできた時、心が震えました。涙をこらえながら歌いました。

富でもなく名誉でもなく、自分にとっての「翼」ってなんだろう。子どもたちにとっての「翼」ってなんだろう。そんなことを考えながら、コンサートで歌っている曲です。

夏休みの最後に、答えがわかるのかな。

「ドキドキ…ワクワク…想像の翼と歌声が広がるアレンジ」

中学生の子どもたちに「翼をください」を指導する際、主な内容としては、合唱の楽しみを味わう他に、この曲はＡ斉唱→Ｂ混声二部→Ｃ混声三部と3つの部分に分かれているため、声部の重なり方（テクスチュア）や声部の役割を考える教材として活用しています。学校によっては、ＡＢＣの各部分のピアノ伴奏の特徴を考えさせ、それをヒントに歌唱表現を工夫することがねらいとなった題材を設定しています。

私は、今回「ポピュラー音楽の鑑賞の領域」と「表現活動としての合唱作り」を融合させるにあたり、弓削田健介さんのアレンジを活用し、題材設定をしました。学習対象は中学3年生です。

教育芸術社の中学校2・3下の教科書には「ポピュラー音楽」としてジャズやロック、ボサノヴァを中心にポピュラー音楽の特徴を聴き取り、そのよさを味わう教材が載っています。鑑賞の授業の終盤に、この「翼をください」の前奏だけを聴かせると、子どもたちは「何かが始まる…」「何かが生まれる…」「何かが変わる…」と、どんな曲なのか想像の翼を広げます。そして、演奏を進めていくうちに「この大空に～…」と歌い出します。子どもたちに自由に歌わせながら「リズムを感じて～」と呼びかけると、ほとんどの子どもが、ポピュラー音楽の特徴であるアフタービートを感じ取って、手拍子をしながら身体を揺らし始めます。それからは、早く歌いたいという気持ちが自然とわき起こり、音楽室から歌声が広がっていくのです。彼のアレンジはそんなドキドキ、ワクワクする子どもの心を引き出してくれる音楽なのです。

古《ふる》川《かわ》敏《とし》子《こ》

福岡県の中学校の音楽教師を続けながら、社会教育活動の一環として、県内外の中学校に合唱の指導や高校のミュージカル指導に出向いている。精華女子高等学校吹奏楽部の外部アドバイザー、「ティーンズミュージカルSAGA」音楽監督や、女声合唱団「CORO LUCE」の指揮者など、音楽指導家として幅広く活躍中。

翼をください〈混声三部〉

山上路夫 作詞／村井邦彦 作曲／弓削田健介 編曲

指導にあたって

キーワードは、キラキラとノリノリです。キラキラは、イントロやサビ、エンディングで繰り返されるフレーズのこと。光が降り注ぐ広い広い空に、包まれているようなイメージです。
音楽室にあるパーカッションを加えるなどして、16ビートのリズムを感じながらノリノリで歌ってください。　（弓削田健介）

一、今　私の願いごとが
かなうならば
翼がほしい
この背中に鳥のように
白い翼つけてください
この大空に翼を広げ
飛んで行《ゆ》きたいよ
悲しみのない自由な空へ
翼はためかせ行きたい

二、今　富とか名誉ならば
いらないけど
翼がほしい
子どもの時夢見たこと
今も同じ夢に見ている
この大空に翼を広げ
飛んで行きたいよ
悲しみのない自由な空へ
翼はためかせ行きたい

© 1970 by ALFA MUSIC, INC.

エピソード➡p.57

9
div.
なうならば　つばさがほしい
らないけど　つばさがほしい
C　Fsus4　F　C　E♭/F　F　F7/E♭
このせなかに　とりのように
こどものとき　ゆめみたこと
13
mp
mf
このー　せなか　に　とり　一のよう　に　しい
こどー　ものとき　ゆめ　ーみたこ　と　い
mf
3
しい
B♭/D　E♭add9　Gm7(9)　B♭M7/F　E♭　B♭M7(9)
しろいつばさ　つけてくだ　さい
いまもおなじ　ゆめにみて　い
17
mf
ろいつばさ　つけてくだーさい　つけてーく
まもおなじ　ゆめにみてーい　る　ゆめにーみ
ろいつばさ　つけてくださ
まもおなじ　ゆめにみてい
C7　F7　C　C/E　E♭/F

いる
21
だてさいいいるる
このおおぞらにー つばさをひろげー とん
いるラーラーララララ
Cm7 F7 B♭ B♭/A Gm7 B♭/F
24
でゆきたい よー かなしみのないー じゆ
E♭add9 B♭add9/D A♭M7/D♭ F7/A Cm7/F B♭ Am7(♭5) D7
27
1.
うなそらへー つばさはためかせ ゆきたい
Gm7 B♭/D Dm7 Cm7 C♯dim7 B♭/D E♭6(9) A♭M7 E♭/F B♭/D E♭M7(9)

31
F　B♭　Fadd9/A　Gm7　E♭add9　A♭add9　A♭add9/G　E♭/F　F
2.
この　おおぞら　にー　つ ば さ を ひろ げー　と ん
35
ff
mf
せ　この　お おぞ ら ー　に
2.
A♭M7　G7sus4(9)　C　C/B　Am7　C/G
f
で　ゆ き た　い　よ
38
ff
と　んー で ゆ　きー た　い　よ　か な　し み　のな　いー　じ ゆ
Fadd9　Cadd9/E　B♭M7/E♭　G/B　Dm7/G　C　Bm7(♭5)　E7

41
Am7 C/E Em7 Dm7 D♯dim7 C/E F6(9) B♭M7 F/G
うな そら へー つ ば さ は た め か せ ゆきた い
3
45
ー
Cadd9/D B♭M7/D A♭6/C
mp
48
ラ ラ ラ ラ ラー ラ
mf
ラ ラ ラ ラ ラー ラ
mf
ラ ラ ラ ラ ラー ラ
B♭6/D Cadd9 B♭add9

51
ラ ラ ラ ラ ラ ラ
ラ ラ ラ ラ ラ ラ ラ ラ ラ ラ ラ ラ
ラ ラ ラ ラ ラ ラ ラ
A♭M7(9)
B♭add9
Cadd9
rit.
54
ラ ラ ラ ラ ラ ラ ラ ラ
ラ ラ ラ ラ ラ ラ ラ ラ ラ
ラ ラ ラ ラ ラ ラ ラ ラ ラ ラ ラ ラ ラ
B♭add9
A♭M7(9)
rit.
B♭add9
C
8va

Believe 〈混声三部〉

杉本竜一 作詞・作曲／弓削田健介 編曲

♫ 指導にあたって

若いみなさんに強い共感をもって愛されている名曲ですが、今回の弓削田先生の編曲は特にハーモニーを大切にしながら作られているように思います。
自分のパートだけでなく他のパートの音にも耳を傾けることでより良いハーモニーを目指し、さらにメロディーや言葉も大切に演奏して欲しいと思います。　（山本啓之）

一、たとえば君が　傷ついて
くじけそうに　なった時は
かならず僕が　そばにいて
ささえてあげるよ　その肩を
世界中の　希望のせて
この地球は　まわってる
いま未来の　扉を開けるとき
悲しみや　苦しみが
いつの日か　喜びに変わるだろう
I believe in future
信じてる

二、もしも誰かが　君のそばで
泣きだしそうに　なった時は
だまって腕を　とりながら
いっしょに歩いて　くれるよね
世界中の　やさしさで
この地球を　つつみたい
いま素直な　気持ちになれるなら
憧れや　愛《いと》しさが
大空に　はじけて耀《ひか》るだろう
I believe in future
信じてる
いま未来の　扉を開けるとき
I believe in future
信じてる

© 1998 by Sound Project K.K.

メッセージ➡p.69

13
かならずぼくが そばにいて ささ えてあげるよ そのかたを
だまーってうでを とりながら (ｯ) いっ しょにあるいて くれるよね
F C/E Dm7 B♭ F/A Gm7 C7 F C/E
せかいじゅうの きぼうのせて
せかいじゅうの やさしさーで
17
div. mf
せかいじゅうのせかいじゅうの きぼうのせて
せかいじゅうのせかいじゅうの やさしさーで
mf
せかいじゅうの きぼうーのせて
せかいじゅうの やさしさやさし
Dm7 B♭add9 C7 F
mf
このちきゅうは
このちきゅうを
21
f
このこのちきゅうは まわーってるーい
このこのちきゅうを つつみたいーい
f
uh このちきゅうは
さ このちきゅうを
＊ Gm7/C C7
mf
D7 Gm7 B♭ Bm7(♭5)

＊〜＊の部分は連弾する。

25
まーみらいのーーとびらをーあけるとき
まーすなおなーーきもちにーなれるなら
F
C/E
Dm7
B♭
f
29
かなしみかなしみやくるしみーが
あこがれあこがれやいとしさーが
mf
かなしみーやくるしみーがい
あこがれーやいとしさーがお
f
F/A
F
B♭
Bm7(♭5)
G7
Gm7/C
C7

33
つ のひか ー ーよろこ びに ーかわる だーろう
お ぞらに ー ーはじけ てー ーひかる だーろう
F C/E Dm7 B♭
f
37
I believe in fu - ture しんじてる
1.
*
F Gm7 B♭/C C7 F C/F
mf

41
ラ ラ ラ ラ ラ ラー ラ ラ ーラ ラ ラ ラ ラ
mf
ラ ラ ラ ラ ラ ラー ラ ラ ラ ラ ラ ラ ラ ラ ラ ラ
mf
ラ ラ ラ ラ ラ ラー ラ ラ ラ ラ ラ ラ ラ
B♭/F F B♭/F F Gm7/C C F C/E
45
ラ ラ ラ ラ ラ ラ ラ ラ ラ
2.
ラ ラ ラ ラ ラ ラ ラ ーラ ラ ラ る
ラ ラ ラ ラ ラ ラ
*
2. F
Dm7 Dm7/C B♭ B♭/C F 2.
49
unis.
い ま ーみらいの ー ーとびら
A♭add9 E♭add9/F
Gm7 F/A B♭m7 E♭7

message

東日本大震災の後、学校の体育館で「合唱コンクールには行けなくなったけど、精いっぱい歌います。」と言ってこの歌を歌っている子どもたちの姿を何度も見ました。大好きだからただ元気に歌うのとは違う、歌詞に描かれた素晴らしいメッセージを体いっぱい表現している姿が、まぶしかったです。これまでこの曲にどれだけの人が励まされたのでしょう。いつか自分もこんな素敵な曲を作ることができたら…。憧れの一曲です。

（弓削田健介）

僕らの夢を届けよう 〈混声三部〉

平成24年度 武雄北中学校生徒一同・弓削田健介 作詞／
弓削田健介 作曲／溝江美保・弓削田健介 編曲

指導にあたって

前半のユニゾンではアクセントを抑えて、ピアノ伴奏とのアンサンブルを楽しみましょう。曲全体を通して伴奏のリズム、和音の変化、低音の上行、下行を感じながら演奏しましょう。31小節目からは、低音のシンコペーションにのって、「僕らの夢を～」に向かって気持ちを高めましょう。 （計良洋美）

© 2015 by KYOGEI Music Publishers.

＊佐賀県武雄市立武雄北中学校が取り組む「夢プロジェクト」において、平成24年度に作られたミュージカルが元になって生まれた曲です。

縦書き歌詞➡p.75
エピソード➡p.76

15
(小音符は２回目のとき)
へ た く そ で も い い ー じ ぶ ん ら し く ー い き て ー き み し
か け が え ー の な い ー い ま を わ け あ ー ー え る ー き み が
B♭
F/A
Gm7
Gm7/F
19
div.
か で き ー な い こ と が ー あ る ー
い て く ー れ て よ か ー ー っ た ー
Cm7
F7
B♭
ち い さ な ー ゆ め が
や さ し さ を ま も る
23
mp
ち い さ な ひ ー と り ー の ゆ め が
や さ し さ を ー ま も ー る は な に
Gmadd9
E♭

みんなをつないでゆーく
きみになみだのあめはくる
27
みんなをつーないーでゆくー　ララララ
なみだのあーめはーーくるー　ララララ
Cm7
F7
B♭
みらいはぼくらのーここーろからーはじまーっ
だからひーとりにーならーないでーーそばに
31
mf
みらいはぼくらのーここーろからーはじまーっ
だからひーとりにーならーないでーーそばに
mf
uh
uh
みらいははじまーっ
uh　そばに
G♭
A♭
D♭
A♭/C
B♭m7
B♭m7/A♭
mf
てゆくーいつでもー
いるよーいつでもー
35
poco a poco cresc.
てゆくーはじまーってゆくーーそうしつでもぼくらのゆめを
いるよーそばにいーるよーーそういつでもぼくらのゆめを
poco a poco cresc.
てゆくーいつでもーいつでも
いるよーいつでもーいつでも
G♭
Fsus4
F7
poco a poco cresc.

39
f
とどけーようー わかいちからーかさーねあーーって
つなげーようー せかいじゅうのーなかーまたーちに
f
B♭ F/A Gm7 Gm7/F
f
でーっかいげんーき だまをーぶちかませー
でーっかいげんーき だまをーとどけようー
43
ー uh ぶちかませー
ー uh とどけようー
uh げんきだまをーぶちかませー
uh げんきだまをーとどけようー
E♭M7(9) B♭/D C7 F7
47
かなでーようー すてきなあしーたがーくるーように
かなでーようー すてきなあしーたがーくるーように
B♭ F/A Gm7 Gm7/F

51
1.
ー　やさしい　ひかーり　を　あつーめ　て　ー
ー　なないろ　のげーん　き　あわーせ　て
E♭M7(9)
B♭/D
Cm
Cm7/F
F7
1.
B♭/F
mf
55
2.
ー　やさしい　ひかり　を　あつーめ
2.
Gm
E♭
Cm/F
B♭
59
て　ー　ラ　ラ　ー
Gm7
E♭
F7
B♭
E♭/B♭
B♭

がんばってるから
はげましに来たよ
一人じゃない
みんながいるさ

下手くそでもいい
自分らしく生きて
君しかできないことがある

小さな一人の夢が
みんなをつないでゆく
未来は僕らの心から
始まってゆく　いつでも
（そう　いつでも）

僕らの夢を届けよう
若い力　重ね合って
でっかい元気玉をぶちかませ

奏でよう
素敵《すてき》な明日《あした》が来るように
優しい光を集めて

それぞれの道を
歩き出す日まで
あたためよう
憧れの空

かけがえのない
今を分け合える
君がいてくれてよかった

優しさを守る花に
（優しさを守る君に）
涙の雨は来る
だから一人にならないで
そばにいるよ　いつでも
（そう　いつでも）

僕らの夢をつなげよう
世界中の仲間たちに
でっかい元気玉を届けよう

奏でよう
素敵な明日が来るように
七色の元気合わせて
優しい光を集めて

＊今回の出版にあたって、佐賀県武雄市立武雄北中学校の許諾を得て、詩の一部を改変しています。

♫ 僕らの夢を届けよう

佐賀県にある武雄北中学校は、「夢プロジェクト」と題して、生徒たちによる夢看板の制作、地域の人たちを巻き込んだ夢ミュージカルの発表など、毎年「夢」をテーマにした活動を行っています。この「僕らの夢を届けよう」という歌も、武雄北中学校の生徒が書いた「元気が出る言葉」を集めて、子どもたちと一緒に作った歌で、「夢プロジェクト」の中で生まれました。

そんな中、起こった東日本大震災。2011年、生徒たちは「自分たちだからこそできる、自分たちらしい支援をしよう。」と、文化祭で「夢ハンカチアート」の取り組みをすることに決めました。30センチ四方の白いハンカチに一人一人夢を描いてもらい、集めたそのハンカチをつないで、大きなアートを創り、東北に元気を届けようという試みです。

生徒たちの想いはどんどん広がっていきました。全校生徒、地域の人たち、そして県内の小・中学校、幼稚園、東北の中学生、さらには全国、世界中にまで白いハンカチは届けられました。そして夢が描かれた「夢ハンカチ」となって、武雄北中学校に戻ってきました。その数、11,111枚。

ただハンカチを集めるだけでなく、子どもたちはハンカチに夢を描いてくれた人に「夢友になろう。」と呼びかけました。東北の中学生と友達になりたいという想いこそ、北中が大事にしている自分たちらしい支援の原点だったのです。そこで夏休みに子どもたちは東北の中学生に会いに行ったり、テーマソングとなった「僕らの夢を届けよう」を一緒に歌おうと呼びかけ、歌ってくれたビデオを集めて一つにつなげたりするなど「一緒に元気になる活動」に取り組みました。

文化祭当日。11,111枚の夢ハンカチは、復興を願う大きな不死鳥となりました。自分たちだけでなく、たくさんの人たちと一緒に創り上げた夢の不死鳥。「東北に元気を届けよう。」という想いで始まった活動でしたが、元気をもらったのは、東北の人だけではなかったと思います。僕も、みんなの情熱と行動力から元気をもらった一人です。

歌詞の「ぶちかませ」という言葉は、中学生が歌うには乱暴ではないか、という意見もありましたが、この言葉は子どもたちなりの「元気を届けよう。」という想いの結晶でした。今回の出版を機に、「武雄北中学校の夢プロジェクトの歌」としてだけではなく、もっと広く歌っていただくために歌詞を再考しましたが、この言葉はどうしても残したいと思いました。中学生のみんな！今こそでっかい元気玉をぶちかませ！

※元の歌詞は特設ページにて読むことができます。

やさしい歌

弓削田健介 作詞・作曲

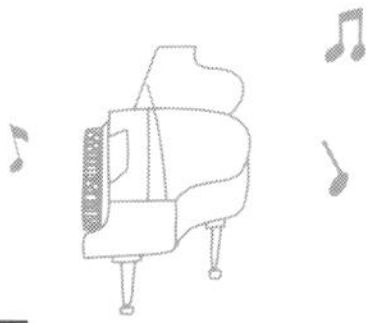

全ての楽曲が出揃った後に、１ページ分スペースをいただけるということで、（作者の希望で）一段譜のみですが、掲載していただくことになりました。ホスピスで出会った「やさしい歌」をテーマに作った曲です。CDの最後に収録されています。　（弓削田健介）

© 2015 by KYOGEI Music Publishers.

縦書き歌詞･エピソード➡p.78

♫ やさしい歌

「世界で一番やさしい歌は、お母さんが子どもを抱っこして歌う子守唄。」そんな風に聞いたことがあります。確かにそうだなぁと、ずっと思っていました。

ホスピスで演奏していたある日。ベッドごと聴きに来られていた患者さんのすぐそばに家族の方が寄り添い、患者さんの大好きだった歌を歌っている姿を見ました。

その光景を見た時に「ああ。この歌も、世界で一番やさしい歌だ。愛って、こういうことなのかな。」と思いました。その光景を見ていると、自分もたくさんの「愛」を家族にもらって、こうして今、生きていられるんだなと感じました。

両親への感謝の気持ちと、いつかきっと出会う、愛する人へ手紙を書くような気持ちで、初めて「愛」という言葉を使って作った歌です。

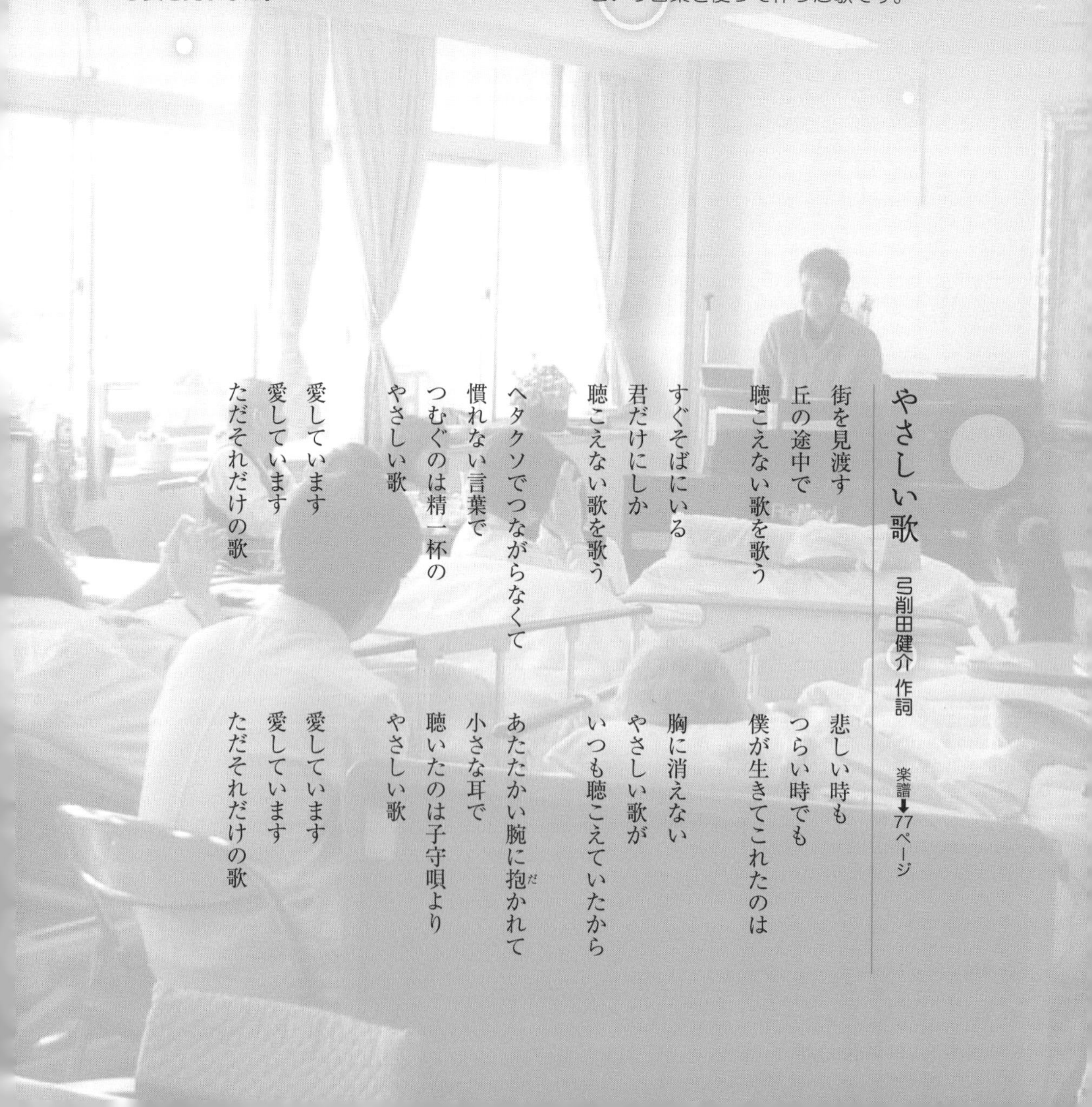

やさしい歌

弓削田健介 作詞

楽譜➡77ページ

街を見渡す
丘の途中で
聴こえない歌を歌う

すぐそばにいる
君だけにしか
聴こえない歌を歌う

ヘタクソでつながらなくて
慣れない言葉で
つむぐのは精一杯の
やさしい歌

愛しています
愛しています
ただそれだけの歌

悲しい時も
つらい時でも
僕が生きてこれたのは

胸に消えない
やさしい歌が
いつも聴こえていたから

あたたかい腕に抱《だ》かれて
小さな耳で
聴いたのは子守唄より
やさしい歌

愛しています
愛しています
ただそれだけの歌

弓削田健介《ゆげたけんすけ》profile

合唱作曲家。全国を旅しながら年間150～200回のコンサート＆各地の合唱団に楽曲を提供しているスタイルから「放浪の合唱作曲家」「音楽版 山下清」と呼ばれることも。ティーンズミュージカルSAGAと共にミュージカル作品を創作＆発信し、子どもたちの表現力を引き出す教材創りにも取り組んでいる。

2007年　小学校、中学校・高校（音楽）の教員免許（専修）を取得。
　　　　絵本「いのちのまつり」のテーマ・ソングを作曲。
2008年　茨城国民文化祭のために、ティーンズミュージカルSAGA作品「風の曜日」作曲。
2010年　上海万博にて、ティーンズミュージカルSAGA作品「徐福～悠久の旅の始まり」作曲＆演奏。
　　　　全国食育大会サポートソング「いただきます」作曲。
2011年　放浪のスタイルが定着。以降、年間200回のコンサートが始まる。
2012年　日野原重明「いのちの授業」普及活動ミュージカル作曲。
　　　　TOYOTA「日本を元気にするコレカラパーソン」に選出。
　　　　PTA九州ブロック大会テーマソング「たいせつなあなたへ」作曲。
2013年　音楽之友社より「弓削田健介作品集 Dream&Dream～夢をつなごう～」（楽譜＆CD）を出版。
　　　　日本PTA全国研究大会みえ大会に出演。
2014年　日本PTA全国研究大会長崎大会にてフィナーレの企画と演奏を担当。
　　　　ローマ日本人学校（イタリア）、アムステルダム日本人学校（オランダ）にてコンサート。

ホームページのご案内

http://yugemusic.com
「いのちと夢のコンサート」のご依頼、その他お問い合わせ等はこちらへ。

お礼

音楽教育・作曲の指導をしてくださった、田中健次先生、三村真弓先生、橋本正昭先生、野田正純先生、一木弘行先生。この作品集が世に出るきっかけをくださった教育芸術社の呉羽弘人さん。いつも真心を込めて原稿をチェックしてくださった教育芸術社の東倉早代さんに、心より感謝申し上げます。

弓削田健介作品集
しあわせになあれ ～いのちと夢のコンサート～

2015年8月18日　第1刷発行
2025年4月24日　第11刷発行

作曲者　**弓削田健介**
発行者　**株式会社 教育芸術社**（代表者　市川かおり）
〒171-0051 東京都豊島区長崎1-12-14
電話 03-3957-1175（代表）　03-3957-1177（販売部直通）
https://www.kyogei.co.jp/

表紙・扉・本文デザイン／川口泰弘、福島 幸
写真／山口直希子、北御門智子
印刷／新日本印刷　製本／共栄社製本
協力／ティーンズミュージカルSAGA、多久ミュージカルカンパニー、女声合唱団ラシーヌ、藤山祥太

© 2015 by KYOGEI Music Publishers.
本書を無断で複写・複製することは著作権法で禁じられています。

JASRAC 出 1508769-511
ISBN978-4-87788-705-6　C3073

LOVE THE ORIGINAL
楽譜のコピーはやめましょう

CD収録曲一覧

参考音源（楽譜準拠）

1．あたらしい朝に
2．みんな みんな 輝いてる
3．本当だよ
4．いのちのまつり
5．満天の星が歌うように
6．しあわせになあれ
7．手をつなごう ～共に生きる～
8．アンパンマンのマーチ
9．世界中のまだ見ぬ友へ
10．あなたにありがとう
11．翼をください
12．Believe
13．僕らの夢を届けよう

弓削田ソロ音源（オリジナルアレンジ）

14．あたらしい朝に
15．いのちのまつり
16．しあわせになあれ
17．世界中のまだ見ぬ友へ
18．あなたにありがとう
19．翼をください
20．Believe
21．やさしい歌

演奏・編曲

大分大学教育福祉科学部附属小学校コーラス部　指揮：山本由美　①②④⑤⑥⑨
harmonia ensemble　指揮：福永一博　ピアノ：水野彰子、三宅悠太　⑫⑬
石川華乃音　(Vocal, Chorus) ③⑦
古賀萌子　(Vocal, Chorus) ⑦⑧
中村理恵　(Piano) ②③
川野久美子　(Vocal, Chorus) ⑩
浦田千尋　(Vocal, Chorus) ⑪
一木弘行　(Chorus, Guitar, Bass, Keyboard, Percussion, Arrangement) ⑭⑰
えま＆慧奏　(Chorus, Keyboard, Percussion, Arrangement) ⑮
弓削田健介　(Chorus, Keyboard, Arrangement) ①～㉑

各曲の「指導にあたって」は、下記の先生方にご執筆いただきました。

浦田千尋《うらたちひろ》先生（佐賀県）　**「あなたにありがとう」**
世界青少年合唱団に日本代表として参加。全日本合唱コンクールで２年連続文部科学大臣賞を受賞した女声合唱団ソレイユに所属。

計良洋美《けいらひろみ》先生（福岡県）　**「僕らの夢を届けよう」**
「ミュージック・テクノロジー教育セミナー in 九州」福岡県代表。全校創作ミュージカルに取り組むなど，「歌声溢れる学校の創造」を目指す。

野田浩司《のだこうじ》先生（長崎県）　**「手をつなごう～共に生きる～」**
県内さまざまな場所で合唱団を立ち上げる。平成21年度から４年間、長崎大学教育学部附属小学校で「音楽づくり」を中心に研究を行う。

広瀬由美子《ひろせゆみこ》先生（千葉県）　**「アンパンマンのマーチ」**
吹奏楽の子どもたちと東京ディズニーリゾートのミュージック・フェスティバル・プログラムに出場するなど，吹奏楽の指導にも従事する。

山本啓之《やまもとひろゆき》先生（香川県）　**「Believe」**
合唱団MODOKI指揮者。全日本合唱コンクール全国大会に出場し６度金賞を受賞。現在は客演指揮、審査員や講師として活躍の場を広げる。

山本由美《やまもとゆみ》先生（大分県）　**「あたらしい朝に」「みんな みんな 輝いてる」「本当だよ」「いのちのまつり」「満天の星が歌うように」「しあわせになあれ」「世界中のまだ見ぬ友へ」**
小学生の合唱指導に力を注ぎ、NHK全国学校音楽コンクール 九州・沖縄ブロックの県代表として数多く出演。今回の付録CDの録音にも協力。